Angelika Döringer · Carmen Rohrbach

Wie lebt der kleine Pinguin?

Ein Bilderbuch zum Vorlesen,
zum Nachlesen und zum Spielen

Ravensburger Buchverlag

Mit einem Satz springt Vater Pinguin auf eine große Eisscholle. Schwups, da folgt ihm auch schon der nächste; dann kommt noch einer und noch einer…
Es ist Spätsommer. Höchste Zeit für Vater Pinguin zusammen mit vielen anderen Kaiserpinguinen den langen Weg zu einem sicheren Brutplatz zurückzulegen, wo die kleinen Pinguine zur Welt kommen können. Mehrere Tage lang watscheln und rutschen sie nun in einer langen Reihe übers Eis, ohne Pause und ohne Futter.

Endlich ist die Pinguingesellschaft am Brutplatz angekommen. Vater Pinguin sucht nach seiner Pinguinfrau. Er reckt sich und streckt den Schnabel hoch, damit sie ihn sieht. Dann schlägt er aufgeregt mit den Flügeln und trompetet, so laut er kann, über die anderen hinweg. Es dauert eine Weile, bis sich die beiden gefunden haben.

Nach ein paar Wochen legt Mutter Pinguin ein Ei.
Behutsam rollt es der Vater auf seine Füße und deckt es mit seinem warmen Federkleid zu. Die Mutter wandert nun mit den anderen Pinguinfrauen zurück zum Meer, um Futter zu holen.
Erst im Frühling werden sie wiederkommen.
Die Väter beschützen die Eier.

Es ist Winter geworden.
Der Sturm pfeift um die
Pinguine, und dichter Schnee
fällt auf sie nieder.
Die Pinguinväter rücken ganz
eng aneinander und stecken die
Köpfe zusammen. So wärmen sie
sich gegenseitig. Zwei Monate kann
es dauern, bis die schlimmste Kälte
überstanden ist. So lange stehen sie dicht an
dicht, fast ohne sich zu rühren. Auch Vater Pinguin
wartet auf den Frühling. Unter seinen Federn in einer
Bauchfalte liegt warm und geborgen das Ei,
und darin wächst der kleine Pinguin.

Die Sonne scheint wieder
und wärmt die Pinguine.
Vater Pinguin schaut unruhig an sich hinunter. Endlich regt sich etwas zwischen seinen Füßen. Der kleine Pinguin hackt mit dem Schnabel die Eischale auf und kriecht heraus. Laut piepsend wartet er auf Futter. Da kommt auch endlich seine Mutter vom Meer zurück und bringt leckeren Fisch mit.

Der kleine Pinguin ist zu einem wuscheligen Federknäuel herangewachsen und schon sehr neugierig geworden. Seine Eltern sind mit den anderen Pinguinen zum Meer zurückmarschiert, um Fische zu fangen. Die Küken müssen warten, bis die Großen zurück sind. Nur ein paar erwachsene Pinguine passen auf.
Doch das ist dem kleinen Pinguin viel zu langweilig.
Er macht lieber einen Ausflug.

Der kleine Pinguin hört plötzlich ein Rauschen über sich. Eine Raubmöwe will sich auf ihn stürzen, aber zum Glück sieht der Ausreißer den großen Vogel gerade noch rechtzeitig. Laut schreiend läuft der kleine Pinguin zu den anderen zurück, wo ihm nichts mehr geschehen kann. Die Raubmöwe fliegt schnell davon. Das ist noch einmal gut gegangen.

Der kleine Pinguin hat nun ein wasserdichtes Federkleid. Endlich kann er schwimmen und tauchen und selbst Fische fangen. Der erste Ausflug zum Meer ist ein großes Ereignis.
Der kleine Pinguin rutscht zuerst auf dem Bauch einen Abhang hinunter, dann stößt er sich kräftig von einer Eisklippe ab und springt elegant ins Meer. Die anderen machen es ihm nach. Sie toben und tauchen, ohne auf die Tiere um sich herum zu achten.

Plötzlich taucht vom Meeresgrund
ein Seeleopard auf. Er reißt sein großes
Maul auf und zeigt die scharfen Zähne.
Bevor er zuschnappen kann, hat sich der kleine
Pinguin auf eine Eisscholle in Sicherheit gebracht.
Auch seine Freunde können sich retten. Der Seeleopard
verschwindet ohne Beute wieder in die Tiefe.

Die jungen Pinguine leben jetzt nur noch im Wasser, wo sie fressen, schlafen, tauchen und schwimmen. Auch der kleine Pinguin schwimmt weit hinaus ins Meer. Eines Tages wird er sich mit den anderen Pinguinen wieder auf der großen Eisscholle treffen, um dann auch zum Brutplatz zu wandern und selbst ein Junges aufzuziehen.

So lebt der kleine Pinguin

Mollig warm trotz Eis und Schnee
Kaiserpinguine, wie unser kleiner Pinguin, frieren trotz Eis und Schnee nicht. Dafür sorgen ihre beiden dicht übereinander-liegenden Federschichten. Direkt auf der Haut wachsen die flauschigen Daunen. Sie halten wärmer als ein dicker Pullover. Dann kommen die Außenfedern. Sie lassen, wie ein Anorak, weder Wind noch Wasser durch.

Schnelle Schwimmer
Pinguine haben zwischen den Zehen eine Haut, wie Enten. Mit dieser Schwimmhaut kommen sie im Wasser schnell voran. Mit Flossen aus Gummi können auch wir besser schwimmen. Ihren dreieckigen Schwanz benutzen die Tiere wie ein Steuerruder, und mit den Flügeln können sie kräftig auf und ab schlagen.

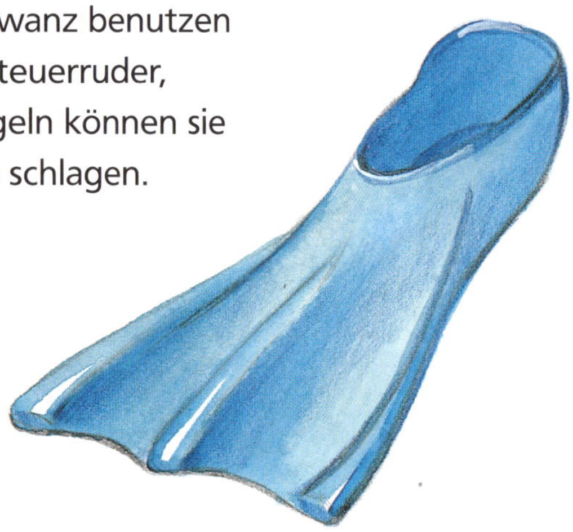

Nur saubere Federn halten warm
Pinguine putzen sich häufig, denn nur saubere und trockene Federn halten warm. Unten am Rücken haben sie eine kleine Öffnung. Mit dem Schnabel holen die Tiere dort Fett heraus und verteilen es sorgfältig auf alle Federn, damit diese wasserdicht bleiben.

Von Kopf bis Fuß

Der Kaiserpinguin ist der größte und schwerste Pinguin. Er mißt von Kopf bis Fuß über einen Meter. Aber es gibt auch viel kleinere Pinguine, wie der Zwergpinguin, der nur 40 cm groß wird.

Die jungen Kaiserpinguine sehen nach einigen Wochen recht groß und dick aus, weil sie zuerst ein flauschiges Federkleid nur aus Daunen haben. Bis ihnen die wasserdichten Außenfedern gewachsen sind, dürfen sie nicht ins Meer.

Mit Goldschopf und mit Zügel
Es gibt 18 verschiedene Pinguinarten. Sieben davon, unter anderem der Kaiserpinguin, leben in der Antarktis, andere an der Küste Südamerikas, Neuseelands und Australiens. Einige Pinguine sind hier abgebildet:

Goldschopfpinguin

Magellanpinguin

Zügelpinguin

Felsenpinguin

Gelbaugenpinguin

Adeliepinguin

Vorsicht, bissige Nachbarn!
Vor diesen Tieren muß sich ein Pinguin in acht nehmen:

Raubmöwe
Schwertwal
Seeleopard

Der erster Riß im Ei
Zwei Monate lang wächst der kleine Pinguin im Ei. Dann ist er groß genug und will heraus. Ganz allein zerbricht er die harte Schale. Auf seinem Schnabel hat er dazu einen spitzen Höcker, den Eizahn.

Endlich! Der erste Riß! Aber erst nach vielen Stunden ist das Loch im Ei groß genug, und der kleine Pinguin streckt vorsichtig seinen Kopf heraus.
Noch ein Ruck und ein Riß – und die Schale zerspringt in zwei Hälften.

Zupackende Gesellen
Pinguine haben keine Pfoten. Alles, was sie festhalten wollen, packen sie mit dem Schnabel. Innen im Schnabel sitzen viele kleine Widerhaken, damit die glitschigen Fische nicht entwischen können.

Lieblingsspeise: Fisch
Kaiserpinguine sind geschickte Fischjäger. Sie fangen Heringe, Tintenfische und Krill. Das sind Krebse, so klein wie ein Streichholz.

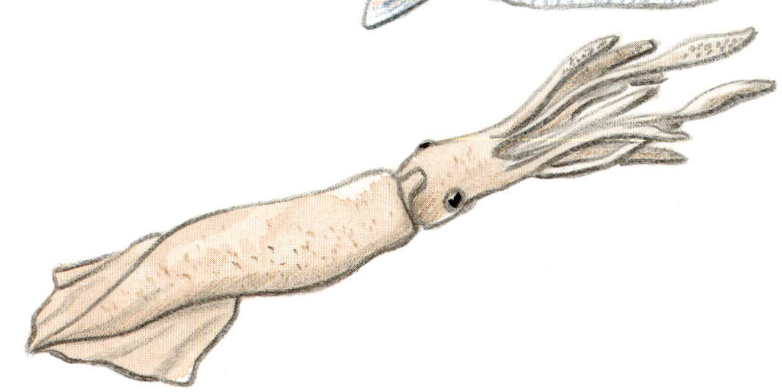

Wellen wiegen in den Schlaf
Wenn sie müde sind, stecken Pinguine den Kopf unter einen Flügel, wie Hühner. Aber sie können auch im Wasser schlafen. Dann lassen sie sich von den Wellen wiegen.

Kaiserpinguin

Ein Vogel, der nicht fliegen kann

Pinguine sind zwar Meeresvögel,
aber sie können nicht fliegen!
Auf dem Eis watscheln sie aufrecht,
oder sie rutschen auf dem Bauch.

Im Wasser schwimmen Pinguine pfeilschnell.
Wenn sie die Flügel auf und nieder schlagen,
sieht es aus, als würden sie unter Wasser fliegen.
Zum Luftholen müssen sie allerdings
ab und zu an die Oberfläche kommen.
Pinguine können auch sehr gut und tief tauchen.